Bibliografische Information der Deutschen Nationalbibliothek:

Die Deutsche Bibliothek verzeichnet diese Publikation in der Deutschen National-bibliografie; detaillierte bibliografische Daten sind im Internet über http://dnb.d-nb.de/ abrufbar.

Impressum:

Copyright © 2018 GRIN Verlag
Druck und Bindung: Books on Demand GmbH, Norderstedt Germany
ISBN: 9783668778191

Dieses Buch bei GRIN:

https://www.grin.com/document/437337

Simone Walser

Deprivation und Wolfskinder. Die Folgen von schwerer Isolation am Beispiel der Wolfskinder

GRIN Verlag

GRIN - Your knowledge has value

Der GRIN Verlag publiziert seit 1998 wissenschaftliche Arbeiten von Studenten, Hochschullehrern und anderen Akademikern als eBook und gedrucktes Buch. Die Verlagswebsite www.grin.com ist die ideale Plattform zur Veröffentlichung von Hausarbeiten, Abschlussarbeiten, wissenschaftlichen Aufsätzen, Dissertationen und Fachbüchern.

Besuchen Sie uns im Internet:

http://www.grin.com/

http://www.facebook.com/grincom

http://www.twitter.com/grin_com

Deprivation und Wolfskinder

Die Folgen von schwerer Isolation am Beispiel der Wolfskinder

Vorwissenschaftliche Arbeit
vorgelegt von

Simone Walser

im Maturajahrgang 2017-18

Eingereicht am Bundes-Oberstufenrealgymnasium Mittersill

bei

am
23.02.2018

Abstract

Die vorliegende Arbeit befasst sich mit der konkreten Frage, wie sich Sinnesberaubung auf die Entwicklung des menschlichen Körpers, der menschlichen Sinne und letztendlich auf das Sozialverhalten auswirkt. Im Zusammenhang mit der Sensorischen Deprivation wird das Phänomen der Wolfskinder veranschaulicht. Ein spezielles Augenmerk wird dabei auf die Wolfskinder im 2. Weltkrieg gelegt. Des Weiteren beleuchtet die Arbeit die Möglichkeiten und Chancen einer Resozialisierung von deprivierten Kindern bzw. Wolfskindern. Am Ende des Werkes werden die Ausführungen noch mit bekannten Fällen aus der Geschichte belegt, bevor die Ergebnisse resümiert werden.

Als Methoden für die Erstellung meiner vorwissenschaftlichen Arbeit habe ich hauptsächlich spezifische Fachliteratur, Biografien und Tatsachenberichte, passendes Filmmaterial und Onlinequellen gewählt.

Vorwort

Nachdem im Fernsehen eine Dokumentation über Wolfskinder gezeigt worden war, stellte ich mir des Öfteren die Frage, welche Erkenntnisse die Menschheit im Laufe der Jahrhunderte über diesen Mythos gewinnen konnte. Die VWA schien mir eine gute Möglichkeit, dieser Frage auf den Grund zu gehen. Um mehr darüber zu erfahren, unter welchen Voraussetzungen und Bedingungen ein Kind als Wolfskind bezeichnet werden kann und wie die Entwicklung eines sogenannten „wilden Kindes" aussieht, habe ich mich entschieden, den Aspekt der Deprivation in meine Arbeit miteinzubeziehen. Der Sinn meiner vorwissenschaftliche Arbeit besteht darin, durch sorgfältige Recherche zu beschreiben, inwieweit sich wissenschaftliche Studien und mündliche Überlieferungen bestätigen beziehungsweise widerlegen. Dadurch möchte ich allen Interessierten das Thema Deprivation und Wolfskinder näherbringen.

An dieser Stelle möchte ich mich ganz besonders bei Mag.ª Laura Tildach für die optimale Betreuung während meiner Schreibphase bedanken, in der sie mir immer mit Rat und Tat zur Seite stand.

Mittersill, am 02.01.2018   Simone Walser

Inhaltsverzeichnis

Einleitung

Bereits Geschichten und Sagen aus dem 13. Jahrhundert handeln von dem Phänomen der Deprivation, welches heute ein bedenkliches Krankheitsbild darstellt. Beispielsweise besagt eine Legende alter Chronisten, dass Kaiser Friedrich II. Pflegerinnen aufgetragen haben soll, Kinder ohne jeglichen Austausch von Zärtlichkeiten zu waschen und dabei alles Reden zu unterlassen. Dies begründete er mit der Absicht, die ursprüngliche Sprache der Menschheit beibehalten zu wollen, aber aufgrund der mangelhaft liebevollen Zuwendung starben die Kinder nach kurzer Zeit. In Märchen kann man die Bedeutung der emotionalen Zuwendung ebenfalls erkennen. Stiefmütter verkörpern immer das Böse, weil die Mutterliebe nicht ersetzt werden kann. Verlassene Kinder, die zwischen bösen Menschen oder Tieren aufwachsen, entwickeln sich zu den edlen Charakteren und Helden der Geschichten.

In dieser Arbeit wird zuerst der Begriff Depivation definiert, wobei die Ursachen besonders berücksichtigt werden. Im Anschluss wird ein Überblick über die Formen, die Folgen und die Diagnose der Deprivation gegeben, bevor der Schwerpunkt der Arbeit beginnt: Am Beispiel der Wolfskinder wird die Sensorische Deprivation durch Isolation aufgezeigt. Genauer durchleuchtet wird das Schicksal der Kriegswaisen, unter anderem mit einem Auszug aus der Biographie des damaligen Wolfskindes Liesabeth Otto. Als Nächstes werden die Geschichten und Legenden der Wolfskinder genauer untersucht und dementsprechend bestätigt beziehungsweise widerlegt. Ein eigenes Kapitel wird den Auswirkungen der Deprivation an Wolfskindern gewidmet, wo im Speziellen die Entwicklung des Gehirns, das Sozialverhalten, die Ess- und Trinkgewohnheit und die Körpermotorik beschrieben werden. Abschließend wird unter Ausblick auf populäre Fälle die Resozialisierung von Wolfskindern dargelegt, bevor die Erkenntnisse resümiert werden.

Diese VWA ist eine rein reproduktive Arbeit, die Rechercheergebnisse stammen aus verschiedenen gebundenen Quellen und Onlinequellen sowie passendem Filmmaterial. Als Hauptinformationsquelle dienten unter anderem die Bücher Psychische Deprivation im Kindesalter – Kinder ohne Liebe (1977) von Langmeier Josef und Matějček Zdeněk und Wolfskind (2016) von Ingeborg Jacobs.

1 Begriffsdefinition Deprivation

Der Begriff Deprivation leitet sich vom lateinischen Wort ‚deprivare' ab und bedeutet wörtlich übersetzt ‚berauben'. Die Psychologie bezeichnet mit diesem Ausdruck den Verlust beziehungsweise den Mangel an der Befriedigung seelischer Bedürfnisse eines Menschen. Dieser psychische Zustand ist das Ergebnis der individuellen Verarbeitung des Reizmangels, dem ein Mensch ausgesetzt ist.

Die Deprivation ist ganz klar von der Privation zu unterscheiden, bei der ein Mensch keine Reize kennenlernt und somit gar keine Bedürfnisse ausbilden kann. Bei der Deprivation sind zunächst Reize vorhanden, die aber entzogen werden, nachdem bereits Bedürfnisse entstanden sind.

Die Deprivation muss von den Begriffen Frustration, Konflikt und Vernachlässigung abgegrenzt werden. Anhaltende Frustration kann zu Deprivation führen, ist aber nicht mit Deprivation gleichzustellen: Wenn ein Kind in ein Krankenhaus eingewiesen wird, gilt seine Reaktion als Ausdruck der Frustration. Erst durch langanhaltende ständige Routine geht die Frustration in einen Zustand der psychischen Deprivation über. Des Weiteren kann ein Konflikt durch deprivative Situationen hervorgerufen werden, was jedoch nicht dasselbe ist: Wenn sich ein Kind vergeblich nach Liebe sehnt, entsteht ein Gefühl der Leere und des Zorns und dies führt zu einem Konflikt. Vernachlässigung zeigt sich meist im Benehmen des Kindes, verletzt aber nicht direkt den seelischen Zustand: Ein Kind kann sich beispielsweise trotz mangelnder Hygiene angemessen entwickeln (vgl. LANGMEIER & MATĚJČEK, 1977, S. 9-14).

2 Formen und Ursachen der Deprivation

Über mögliche Ursachen der Deprivation liegen viele verschiedene Theorien vor. Am häufigsten wird die Ansicht vertreten, dass es Kindern an einer guten Erziehung fehlt und die Bindung zwischen dem Kind und seiner Bezugsperson, also der Mutter oder dem Vater, sehr schlecht ist. Nach E. Erikson (1973) bildet die konstante mütterliche Fürsorge nämlich die Basis für die Entstehung des Grundvertrauens eines Menschen und nur so kann sich ein Kind psychisch vernünftig entwickeln (vgl. LANGMEIER & MATĚJČEK, 1977, S. 225). Die einfachste Erklärung für die Deprivation ist der Mangel an der Gesamtstimulation, also der Art, der Menge und der Intensität der Reize (vgl. SARL, Psychische Deprivation, 2017, [ONLINE]). Lerntheoretiker hingegen sind der Meinung, dass die verzögerte geistige Entwicklung einem Mangel an Gelegenheiten zu wirksamem Lernen zugrunde liegt. Wenn eine Person nicht lernt, wie man Dinge erfasst, entscheidet und orientiert handelt, fehlt es ihr an der Fähigkeit, alte Erfahrungen auf neue Situationen zu übertragen. Aus der Sicht von Soziologen wird einem Kind seelisch geschadet, wenn ihm der Kontakt zu den Eltern, Geschwistern oder Gleichaltrigen verweigert wird, denn dann kann es keine Erfahrungen sammeln, welche es sich in der Interaktion mit anderen aneignen würde (vgl. LANGMEIER & MATĚJČEK, 1977, S. 225ff.). Je nach Ursache und Ablauf der Deprivation unterscheidet man verschiedene Formen. Neben einigen Unterkategorien gibt es drei Hauptformen, die im Folgenden beschrieben werden.

Für eine gesunde Entwicklung braucht ein Kind ein Mittelmaß an Reizen und Freiheit. Wenn nicht genügend Triebe vorhanden sind, spricht man von Sensorischer Deprivation. Diese umfasst den Entzug aller sensorischen Reize, sprich der menschlichen Sinneseindrücke. Der Mangel an Reizen kann einerseits materiell, beispielsweise durch unzureichende Ausstattung der Wohneinrichtungen oder ein fehlendes soziales Umfeld, bedingt sein oder an der Einstellung der jeweiligen Erzieher liegen, wenn sie eine kalte, teilnahmslose oder auch ängstliche Pflegeinstellung zum Kind haben.

Ein Kind versucht stets seine Reizzufuhr durch eigene Aktivität konstant zu halten. Versiegt eine Reizquelle, führt dies im ersten Moment zu einem erhöhten Tätigkeitsdrang, mit dem Ziel, die verlorenen Reize wiederzuerlangen. Über einen längeren Zeitraum gesehen wird diese Deprivation das Absinken der Emotionalität, Hypoaktivität und Apathie des Kindes bewirken (vgl. LANGMEIER & MATĚJČEK, 1977, S. 236f.).

Diese Form der Deprivation wird im zweiten Teil der Arbeit, in dem die Wolfskinder behandelt werden, ausführlicher erläutert.

Jeder Mensch benötigt im Kindesalter mindestens eine Person, die sich um ihn kümmert. In dieser Zeit bildet das Kind eine gefühlvolle Bindung zu seiner permanenten Bezugsperson, welche dem Kind sowohl physisch als auch psychisch zur Verfügung stehen muss. Wenn das Kind keine Möglichkeit hat, eine innige Beziehung zu einem sozialen Kontakt aufzubauen, von mehreren Personen gleichzeitig beziehungsweise abwechselnd bemuttert wird oder das Band zwischen dem Kind und seiner Bezugsperson unterbrochen wird, spricht man von Emotionaler Deprivation. Auch wenn Erziehung und Pflege eines Kindes unpersönlich, ablehnend oder feindlich ablaufen, hat das Kind keine wirksame Gefühlsbeziehung. Dieser Prozess der Emotionalen Deprivation führt zur Unfähigkeit, konzentriert und sinnvoll mit dem sozialen Umfeld zu interagieren: Das Kind hat Schwierigkeiten, Kontakte zu knüpfen beziehungsweise eine Beziehung zu erleben und aufrechtzuerhalten, weil es durch den Vorgang der Deprivation jegliches Vertrauen gegenüber Menschen verliert – sollte es überhaupt jemals vorhanden gewesen sein.

Oft versucht ein Kind, dieser Deprivation zu entgehen, indem es sich an ein anderes Objekt bindet, wie zum Beispiel an sich selbst, an ein Tier oder an ein Spielzeug (vgl. LANGMEIER & MATĚJČEK, 1977, S. 242f.).

Jedes Kind strebt danach, sich irgendwann zu verselbstständigen und sich von den Eltern zu trennen. Dieser Schritt in der Entwicklung erfordert jedoch den Aufbau eines unabhängigen „Ichs". Für diesen Prozess ist es wichtig, dass das Kind einen Einblick in gesellschaftliche Strukturen erhält. Es muss die sozialen Rollen kennenlernen und sich dem Verhältnis zwischen eigener Tätigkeiten und Erwartungen anderer bewusst werden, damit es lernt, selber zweckvoll zu handeln. Sind diese Voraussetzungen nicht gegeben, kann sich das Kind nicht lösen, weil es nicht orientiert und gesellschaftlich angemessen handeln kann. In diesem Fall spricht man von Persönlich – Sozialer Deprivation.

In einem Heim beispielsweise findet ein Kind keine Vorbilder für sein eigenes soziales Verhalten und tut sich somit schwer, sich in eine Gesellschaft zu integrieren. Aber auch in der Familie kann es passieren, dass das Kind unter dieser Art von Deprivation leidet: Ein Junge, der ohne Vater aufwächst, wird sich schwer tun, selber ein guter Vater zu sein. Des Weiteren ist es möglich, dass dem Kind nicht ermöglicht wird, die soziokulturellen Eigenschaften seiner Umgebung kennenzulernen und seine eigenen Werte nicht mit jenen seiner Mitmenschen übereinstimmen.

Auch hier ergibt sich die für Kinder die Möglichkeit, die Deprivation zu umgehen, indem sie zum Beispiel vollständig in eine Welt der Fantasie oder Arbeit eintauchen. So versuchen sie, sich auf diesem Umweg selbst zu verwirklichen (vgl. LANGMEIER & MATĚJČEK, 1977, S. 245ff.).

3   Psychologische Folgen von Deprivation

3.1   Borderline – Persönlichkeitsstörung

Die Bezeichnung für die Borderline – Persönlichkeitsstörung (BPS) lässt sich vom englischen Wort „border" für „Grenze" ableiten, denn sie beschreibt eine Störung an der Grenze zwischen einer neurotischen und einer psychotischen Störung. Deprivation gilt unter anderem als ein möglicher Auslöser des Borderline – Syndroms, wenn man annimmt, dass die Symptome der BPS die Schäden einer Vernachlässigung darstellen – entweder im Sinne von fehlender Zuneigung oder häufig wechselnder Kontaktpersonen. Damit man die Diagnose stellen kann, muss eine bestimmte Anzahl an Symptomen vorliegen. Zu diesen Anzeichen zählen zum Beispiel Impulsivität bei Handlungen sowie eine schlechte Beherrschbarkeit, die sich in starken Gefühlsausbrüchen der Angst oder Wut äußern kann. Des Weiteren verhalten sich Erkrankte oft merkwürdig und widersprüchlich und wechseln schnell und oft ihre Verhaltensweisen. Die Beziehung zu anderen und auch zu sich selbst ist meistens sehr instabil, was in manchen Fällen selbstschädigendes Verhalten mit sich bringt: Dazu zählen beispielsweise Essstörungen, zu schnelles Autofahren, unkontrolliertes Sexualverlangen oder Drogenmissbrauch. Oft wird die Borderline – Störung von Dissoziation - dem Verlust der Zusammenhänge zwischen Wahrnehmung, Bewusstsein, Gedächtnis, Identität und Motorik - Depressionen und Selbstverletzungen begleitet, was in den schlimmsten Fällen zu Suizidversuchen führt (vgl. SARL, 2017, [ONLINE]).

3.2 Hospitalismus

Hat ein Mensch aufgrund eines langen Krankenhaus- oder Heimaufenthalts, einer Inhaftierung oder Folter mit negativen Begleitfolgen in psychischer oder physischer Hinsicht zu kämpfen, spricht man von Hospitalismus. Insbesondere Kinder leiden daran, wenn sie einen langen Heimaufenthalt hinter sich haben, der von schlechter Pflege und mangelnder Fürsorge gekennzeichnet war. Die Schäden entstehen durch die emotionale Vernachlässigung (vgl. SARL, 2017, [ONLINE]). Aus den Augen des Kinderarztes A. Schloßmann (1926) ist der Hospitalismus wesentlich von drei Faktoren bestimmt: der Gleichgültigkeit der Ärzte, dem Mangel an der Pflege und an gesunder, ausreichender Ernährung. Aufgrund solcher Umstände ließ Schloßmann ein Säuglingsheim errichten, welches diese Faktoren und somit den Hospitalismus beseitigen sollte. Seine Tochter und eine weitere Mitarbeiterin berichteten jedoch, dass sich die Kinder trotz der ausgiebigen Pflege und Behutsamkeit nicht annähernd gleich gut entwickeln würden als Kinder, die in einer eigenen Familie aufwachsen. Der Grund dafür liegt darin, dass frühkindliche Erfahrungen einen großen Einfluss auf die psychische Entwicklung eines Kindes haben. Daraufhin wurden neue Untersuchungen durchgeführt, um die genauen Ursachen des Hospitalismus festzustellen. Der Vergleich einer 24-stündigen Beobachtung eines Familienkindes und des Tagesablaufs eines Heimkindes (Gindl, Hetzer, Sturm) ergab einen offensichtlichen Rückstand der Sprachentwicklung und eine Armut an Stimulation und Zuwendung bei Heimkindern. Des Weiteren treten bei Kindern in Heimen deutlich häufiger Störungen im Lern- und Sozialverhalten auf. Nach Beobachtungen des Psychoanalytikers R. Spitz (1945) sind die Entwicklungsrückstände und alle physischen sowie psychischen Schäden nach dem 15. Lebensmonat irreversibel. Spätere Untersuchungen ergaben jedoch, dass es im Vorschulalter und auch im späteren Alter möglich sein soll, die Entwicklungsrückstände auszugleichen (vgl. LANGMEIER & MATĚJČEK, 1977, S. 55ff.). Dem Hospitalismus kann engegengewirkt werden. Oft wird in Frühgeburtentstationen Musik gespielt, um die Entwicklung der Säuglinge zu begünstigen. Die Option, dass die Eltern Tag und Nacht bei dem Neugeborenen sein dürfen, wirkt sich ebenfalls deutlich fördernd auf die Gesundheit des Kindes aus (vgl. LAHMER, 2012, S. 62f.).

3.3 Kaspar – Hauser – Komplex

Der Kaspar – Hauser – Komplex beruht auf der Geschichte des gleichnamigen Jungen Kaspar Hauser.

Am 26. Mai 1828 fand man in Nürnberg einen äußerst verwahrlosten und geistig zurückgebliebenen Jungen im Alter von 16 Jahren. Der Bub konnte nicht sprechen, jedoch seinen Namen aufschreiben: Kaspar Hauser (vgl. SARL, 2017, [ONLINE]). Späteren Aussagen zufolge war Kaspar Hauser als Kleinkind in einen Keller eingesperrt worden und hatte dort seine Kindheit verbracht. Wasser und Brot sollen ihm an die Seite gestellt worden sein, während er schlief. Er konnte im 17.

Lebensjahr einen einzigen Satz aussprechen, den er dauernd wiederholte. Er war sehr schwach und konnte kaum ein paar Schritte gehen (vgl. LANGMEIER & MATĚJČEK, 1977, S. 22f.). Der Gymnasialprofessor und Philosoph Georg Friedrich Daumer übernahm die fünfjährige Umerziehung und Ausbildung des jungen Kaspar. Der Junge lernte das Lesen, Schreiben und war begabt am Klavier und im Zeichnen. Er entwickelte sich gut, schnell und vor allem gesund, was an der totalen Isolation im Kindesalter zweifeln ließ. Normalerweise ist ein Kind ohne Körperkontakt und Ansprache nicht überlebensfähig. Daraufhin entwickelten sich zwei Theorien zu Kaspar Hausers Persönlichkeit. In der ersten Theorie wird Kaspar Hauser als Betrüger dargestellt. Er soll sich die Geschichte, ein Leben lang im Keller eingesperrt gewesen zu sein, nur ausgedacht haben. Die zweite Theorie beschrieb den Jungen als den erstgeborenen Sohn des badischen Großherzogs Karl Beauharnais. Er soll als gebürtiger Thronnachfolger nach der Geburt entführt und eingesperrt worden sein, um ihm den Thron zu nehmen. Nach dieser These hätte Kaspar Hauser die Wahrheit erzählt (vgl. SARL, 2017, [ONLINE]). Selbst nach seinem Tod im Jahre 1833 hörten die Spekulationen nicht auf, während die einen von Mord sprachen, waren die anderen von seinem Suizid überzeugt (vgl. LANGMEIER & MATĚJČEK, 1977, S. 22f.).

Abbildung 1: Kaspar Hauser (Flocken, 2010)

Heute spricht man vom Kaspar – Hauser – Syndrom, wenn ein Kind aufgrund emotionaler Vernachlässigung seelische und körperliche Verhaltensauffälligkeiten aufweist. Das Syndrom wird oft mit dem psychologischen Phänomen des Hospitalismus verglichen, ist aber durch den vollständigen Reizentzug und der Misshandlungen nicht damit gleichzusetzen.

Bei Betroffenen treten seelische Verhaltensauffälligkeiten wie extreme Ängste, Depressionen, Teilnahmslosigkeit, starke Reizbarkeit und übertriebenes Misstrauen aufgrund des fehlenden Urvertrauens auf. Zu den körperlichen Anzeichen zählen mangelndes Konzentrationsvermögen, ständige innere Unruhe und eine hohe Infektionsanfälligkeit. Weitere Symptome sind ein gestörtes Essverhalten, ein negatives Sozialverhalten, monotone und sich wiederholende Bewegungen und eine Neigung zu selbstverletzendem Verhalten (vgl. SARL, 2017, [ONLINE]).

4 Diagnose der Deprivation

Die Diagnose des Deprivationssyndroms erweist sich als sehr kompliziert, weil zwischen einer posttraumatischen Belastungsstörung beim Säugling, einer reaktiven Bindungsstörung, Entwicklungsstörungen, geistigen Behinderungen und einer verzögerten Entwicklung durch Deprivation differenziert werden muss. Anhand eines ärztlich untersuchten Fallbeispiels von Keren Miri, der Direktorin einer Gemeinschaftsabteilung für psychische Gesundheit in Israel, wird im Folgenden versucht, die Diagnose und deren Einschränkung auf das Deprivationssyndrom zu erläutern.

Angesichts einer unerwünschten Schwangerschaft wurde ein Mädchen zur Adoption freigegeben. Im Alter von 17 Monaten wurde das Kleinkind von seiner 45-jährigen Adoptivmutter aufgenommen. Zu diesem Zeitpunkt erschien das Mädchen apathisch, schlief fast durchgehend versteckt unter seiner Decke, vermied jeden Augenkontakt, ließ sich nicht berühren und schrak bei jedem Geräusch zusammen. Ihr waren keine Gefühlsausdrücke anzumerken und sie aß weder selbst noch schluckte sie feste Nahrung. Die Mutter wies eine beeindruckende elterliche Kompetenz auf, während sich der Freund der Mutter zurückzog, wodurch das Kind begann, sich unheimlich vor ihm zu fürchten. Im Alter von 19 Monaten wurde das Mädchen zur allgemeinen Beratung gebracht. Sie war schwarzäugig und schwarzhaarig, für ihr Alter klein, sah wild aus und stieß nur Kehllaute aus, anstatt zu sprechen. In Zuständen der Angst oder der Wut schlug sich das Kind unkontrolliert auf den Kopf. Untersuchungen zufolge war das mittlerweile 21 Monate alte Kleinkind auf dem Entwicklungsniveau eines acht Monate alten Kindes. Damals lautete die Diagnose posttraumatische Belastungsstörung sowie reaktive Bindungsstörung und Autismus. Darüber hinaus fasste man eine Entwicklungsverzögerung aufgrund von Deprivation ins Auge.

„[…] Unter Berücksichtigung dieser Differentialdiagnosen legten wir einen vielschichtigen therapeutischen Ansatz fest mit dem Ziel, jede mögliche Diagnose durch unsere therapeutischen Interventionen positiv zu beeinflussen. […]" (KEREN, 2006, S. 185)

In den Vordergrund wurde eine Eltern – Kind – Therapie gestellt, bei der sich die Adoptiveltern Gedanken zu den frühkindlichen Erfahrungen des Mädchens machen sollten, um so zu versuchen, dessen Verhalten nachzuvollziehen. Des Weiteren sollte die Mutter zuhause bleiben, um eine sichere Bindung zu dem Kind gewährleisten zu können.

„Was glauben Sie, wie lange muß ich bei ihr zu Hause bleiben?" […] „Ungefähr ein Jahr", sagte ich. Instinktiv fühlte die Mutter, daß meine Antwort ein Hinweis darauf war, für wie schlecht ich den klinischen Zustand von T. hielt […]. Ein Jahr später konnte sie mir sagen, wie schockiert und erschrocken sie damals war und wie sie gleichzeitig erkannte, daß ich mit meiner Einschätzung recht hatte. (KEREN, 2006, S. 186)

Zuzüglich zur Eltern – Kind – Therapie wurde eine Beschäftigungstherapie und eine Sprachtherapie angewandt. Diese verbesserten die Entwicklung der motorischen, sozialen und kommunikativen Fertigkeiten des Kindes. Das Mädchen begann, von sich aus eine Bindung zur Mutter herzustellen und die Umgebung zu erkunden, auch wenn sie noch nicht spielte. Zur gleichen Zeit fing die Kindergartenzeit an und die Betreuerin des Mädchens stammte ebenfalls aus Bulgarien. Die Lehrerin war dabei, als das Kind erstmals „Nein" auf Bulgarisch sagte. Dies war ein eindeutiges Indiz dafür, dass das Mädchen Erinnerungen aus jener Zeit hatte, in der es noch nicht gesprochen hatte. Nach einem Jahr und acht Monaten – das Mädchen war zu diesem Zeitpunkt drei Jahre und drei Monate alt – stellte das Kind endlich Augenkontakt her und begann zu spielen. Es war weniger vorsichtig, wurde sauber, schlief und aß normal. Mit diesen Entwicklungsfortschritten konnte man die Diagnose einer reaktiven Bindungsstörung allmählich ausschließen. Mit fünf Jahren versuchte das Kind, verschiedene Beziehungen aufzubauen, hörte auf sich selbst zu schlagen, nahm im Kindergarten mehr an Aktivitäten teil, bildete psychische Strukturen und zeigte Interesse an sich selbst sowie an den Unterschieden der beiden Geschlechter. Nach jahrelanger Betreuung hatte das Mädchen noch mit seiner gestörten Sprachentwicklung, seiner gestörten Selbstregulation, d.h. mit dem Ausdruck von Emotionen und der Steuerung von eigenen Handlungen, und seinem gestörten Sozialverhalten sowie Problemen bezüglich der Aufmerksamkeit zu kämpfen. Trotz fortführender Einzeltherapie und der Verabreichung von Medikamenten wurde das Mädchen in eine Sonderschule eingeschult.

Zusammenfassend kann man sagen, dass die Diagnose der Deprivation aufgrund der sehr frühen negativen Lebenserfahrungen, die die Entwicklung eines Kindes beeinträchtigen, sehr schwierig zu stellen ist. Die vielen verschiedenen Symptome, auf die mehrere Diagnosen zutreffen können, erschweren das Festlegen auf eine einzige, bestimmte Krankheit. Die Symptome bleiben oft über Jahre oder sogar lebenslang bestehen, wesentlich dabei ist die psychologische Begleitung der Eltern auf längere Sicht (vgl. KEREN, 2006, S. 183-189).

5 Prävention von Deprivation

Grundsätzlich gibt es einige Wege, der Deprivation effizient entgegenzuwirken. Vorrangig ist es wichtig, dass alle Reize, die ein Kind zu spüren bekommt, an das Entwicklungsniveau des Kindes angepasst sind. Außerdem ändert sich untertags durch Essen, Schlafen und andere Faktoren die Reizempfindlichkeit des Kindes, welche nicht außer Acht gelassen werden darf: Ein Kind, das Hunger hat, ist sehr viel reizbarer als ein Kind, das gerade gegessen hat. Somit ist auch die Reaktion auf verschiedene Reize stärker als normal. Darüber hinaus müssen dem Kind Möglichkeiten zum grundlegenden Lernen offenstehen, denn damit das Kind die Reize seinen Erfahrungen und Erlebnissen zuordnen kann, müssen die Reize für das Kind einen Sinn ergeben. Dafür wird vorausgesetzt, dass für das Kind eine stabile Umwelt und stabile Bezugspersonen vorhanden sind, denn nur Personen, die tagtäglich bei dem Kind sind, kennen die individuellen Bedürfnisse des Kindes. Des Weiteren muss eine Basis für die Entwicklung von Beziehungen zwischen dem Kind und seinen Erziehern, seinem Zuhause und seiner Umgebung geschaffen werden. Auch die Vorbereitung auf seine soziale Umgebung ist für ein gesundes Erwachsenwerden unumgänglich: Es muss familiäre sowie außerfamiliäre soziale Rollen kennenlernen, um sich angemessen in die Gesellschaft integrieren und richtig handeln zu können.

Neben den allgemeinen Präventivmaßnahmen gibt es auch vorbeugende Möglichkeiten, die die Sozialpolitik eines Landes betreffen und für die der Staat verantwortlich ist. Dazu zählen beispielsweise die Sicherung des Lebensstandards für die gesamte Bevölkerung, die Verringerung von Armut und wirtschaftlicher Not, ein hohes Gesundheitsniveau und Familienbeihilfen. Überdies erweisen sich eine Arbeitsentlastung der Mütter und Einrichtungen zur Betreuung von Kindern hinsichtlich der Prävention als sehr zweckvoll. Weiters ist die Öffentlichkeit zu wenig über die Problematik der psychischen Deprivation aufgeklärt. Die Menschen müssen das Verhältnis der Bedürfnisse von Kindern und der Bedürfnisse der Erwachsenen erkennen und verstehen, damit sie sich exakt aufeinander einstellen können. Außerdem soll Kindern anhand einer richtigen Erziehung schon früh gezeigt werden, wie sie später ihre eigenen Kinder korrekt erziehen. Dazu müssen grundlegende Bedingungen für ein funktionierendes Zusammenleben in einer Familie geschaffen werden (genügend Nahrung, Finanzen, Wohnen), die Wohnverhältnisse müssen stets gut gehalten werden (genug Platz, kein Vermüllen) und jegliche Konflikte – besonders in der Nähe des Kindes – sollen vermieden werden. Zudem spielt die Einstellung der Eltern zur Erziehung des Kindes eine große Rolle. Diese Einstellung ist abhängig von den Kindheitserfahrungen der Eltern und deren Beziehung zu den eigenen Eltern. Schlussendlich darf nicht vergessen werden, dem Kind alle Werte und Normen der Gesellschaft verständlich zu vermitteln, damit es die Hierarchie der sozialen Umgebung versteht und sich wirkungsvoll einordnen kann (vgl. LANGMEIER & MATĚJČEK, 1977, S. 280-284).

6   Wolfskinder

Im 2. Kapitel wurden die Formen der Deprivation erläutert, in diesem Kapitel wird näher auf die Sensorische Deprivation durch Isolation eingegangen. In diesem Fall zählt die Isolation zur Sensorischen Deprivation, da ein Kind eingesperrt beziehungsweise ausgesetzt wird. So lernt das Kind keine Reize kennen, ist von aller emotionalen Zuwendung und Liebe isoliert und entwickelt sich aufgrund der Nichtbefriedigung seiner psychischen Bedürfnisse nicht angemessen wie andere Kinder.

6.1   Begriffsdefinition Wolfskinder

Unter Wolfskindern, oft auch bezeichnet als Findelkinder, versteht man Kinder, die in ihrer Kindheit eine unbestimmte Zeit isoliert von der Gesellschaft verbracht haben. Aufgrund dieser Isolation haben sich die Wolfskinder anders entwickelt als normal sozialisierte Kinder. Zu Wolfskindern gibt es viele verschiedene Theorien, unter anderem existiert der Mythos, ausgesetzte Kinder seien von Tieren, wie zum Beispiel Wölfen, aufgenommen worden und mit diesen Lebewesen aufgewachsen. (vgl. STANGL, 2017, [ONLINE]). In Hinblick auf den Zweiten Weltkrieg versteht man unter den Wolfskindern die zurückgebliebenen Kriegswaisen in Ostpreußen und Umgebung.

6.2   Kriegswaisen als Wolfskinder veranschaulicht am Beispiel von Liesabeth Otto

Infolge des Zweiten Weltkrieges wurde Deutschland unter den Siegermächten in die amerikanische, die britische, die französische und die sowjetische Besatzungszone aufgeteilt. Die sowjetische Besatzungszone umfasste damals unter anderem auch das Königreich Preußen mit der Hauptstadt Königsberg. Am 4. Juli 1945 wurde Königsberg zu Ehren des sowjetischen Staatsoberhauptes Michail Kalinin in Kaliningrad umbenannt und auch die meisten anderen Dörfer und Städte wurden mit den Namen der Heimatorte von neuzugezogenen Sowjets versehen. Am 14. Oktober 1947 befahl der sowjetische Innenminister Kruglow, alle Deutschen des Landes zu verweisen. Millionen von Kindern verloren ihre Heimat oder sogar ihre Eltern. Sie erlebten sämtliche Bombardierungen hautnah, mussten zusehen, wie Menschen ermordet wurden und waren Kälte und Hungersnot ausgesetzt (vgl. LANGMEIER & MATĚJČEK, 1977, S. 145). Ein paar Jahre nach Kriegsende, zwischen 1948 und 1949, wurde ein Aufruf gestartet: Alle Deutschen, die sich in Litauen aufhielten, sollten von den sowjetischen Behörden zurück in ihre ehemalige Heimat gebracht werden.

Nach Beginn der Modernisierung des wirtschaftlichen, gesellschaftlichen und politischen Systems der Sowjetunion unter Michail Gorbatschow siedelten sich wieder einige Deutsche aus Russland in Kaliningrad an. Nach dem Zusammenbruch der Sowjetunion 1991 reisten Tausende gebürtige Ostpreußen zurück in ihre alte Heimat (vgl. JACOBS, 2016, S. 1-315).

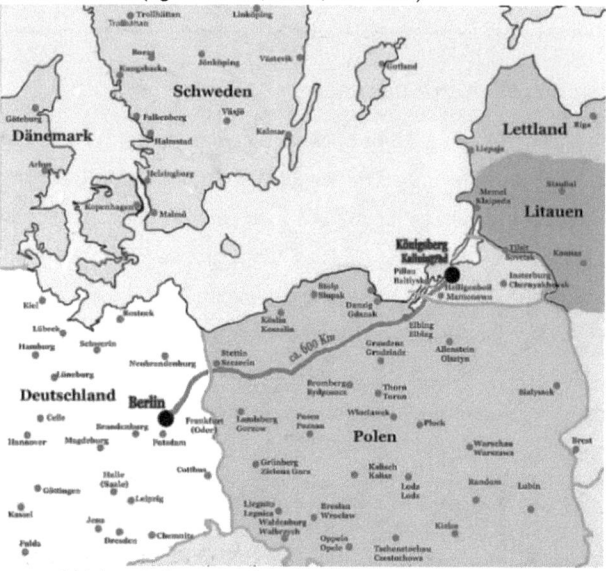

Abbildung 2: Balga und Ostpreußen heute (Petzold, 2010)

Liesabeth Otto ist eines der bekanntesten sogenannten Wolfskinder des 2. Weltkriegs. Liesabeth ist am 6. Oktober 1937 in Ostpreußen, im damaligen Wehlau, dem heutigen Snamensk, geboren. Am 24. Januar 1945 wurden große Teile Deutschlands, mitunter auch die Heimatstadt des damals sieben Jahre alten Mädchens, von den Russen eingenommen. Ohne den Vater machte sich die Mutter mit Liesabeth und ihren Halbgeschwistern Christel und Manfred auf die Flucht nach Danzig. Am 24. April 1945 starb die Mutter und Liesabeth blieb mit ihren beiden Geschwistern zurück.

Dieser Schicksalsschlag hat die Entwicklung des Mädchens bereits mutmaßlich beeinflusst, denn beide Elternteile zu verlieren ist, besonders für ein sieben Jahre altes Kind, schwer zu verarbeiten. Wie im zweiten Kapitel dieser Arbeit erklärt wird, mangelte es dem Mädchen aufgrund der fehlenden Erziehung ihrer Eltern an Grundvertrauen und somit an einer Basis für eine gesunde Entwicklung. Hinzu kommt die Tatsache, dass Liesabeth ihrer Mutter beim Verhungern zusehen musste: Dies lässt ein Trauma vermuten.

Außerdem reichten die erarbeiteten Essensrationen der Geschwister nicht aus, sodass Liesabeth hungern musste und aufgrund eines Streits um das Essen von ihren Geschwistern verjagt wurde. So verlor das Mädchen ihre letzten Bezugspersonen und konnte demzufolge keine wichtigen Erfahrungen in Kommunikation und Interaktion mit ihnen sammeln. Wie bereits erklärt, wird einem Kind durch einen solchen Kontaktabbruch seelisch geschadet. Tagelang versteckte sich das Mädchen, bis ihre Nachbarin sie fand und ihr versprach, mit ihr nach Litauen zu fahren, um dort sämtliche Gegenstände gegen Essen einzutauschen. Am Bahnsteig ließ die Nachbarin das Mädchen kurz alleine, woraufhin es sich vor lauter Angst vor den russischen Soldaten in einem Güterwaggon versteckte. Doch bevor Liesabeth ihr Versteck wieder verlassen konnte, fuhr der Zug los in Richtung Litauen. In Litauen wurde das Mädchen entdeckt und aus dem Zug geworfen. So begann Liesabeths Leben als Wolfskind.

Die litauische Bevölkerung war sehr ängstlich und deutsche Kinder aufzunehmen war ihnen von den „stribai" – den Männern des sowjetischen Geheimbundes in Litauen – verboten. Wenn sie erwischt wurden, verbannte man sie nach Sibirien. Aufgrund dessen fand das Mädchen nirgends Unterkunft und irrte alleine unter dem Namen Maritje Klematje in Litauen umher. Einmal fanden drei Burschen das Mädchen unter einem Baum schlafend. Sie verstanden sofort, dass sie eine Deutsche war und machten eine Hitler-Gestalt aus ihr: sie sengten ihr die Haare ab, malten ihr einen Schnurrbart ins Gesicht und hängten sie schließlich an einem Baum auf. Liesabeth wurde rechtzeitig von einem Mann entdeckt und gerettet.

„Gott sei Dank, es war noch nicht zu spät. Oder zum Unglück war es noch nicht zu spät. Ich habe später oft darüber nachgedacht, vielleicht wäre es für mich damals besser gewesen, ich wäre ums Leben gekommen [...]." (JACOBS, 2016, S. 32)

Liesabeth war ununterbrochen auf der Suche nach ihrem Zuhause, musste verschiedenste Krankheiten überstehen und unzumutbare Dinge beobachten. Wie sie später erfuhr, ist ihre Schwester 1947 in Kaliningrad verstorben, ihr Bruder kam unter glücklichsten Umständen nach Deutschland. Liesabeth wurde mehrmals vergewaltigt und war des Öfteren beim Stehlen erwischt worden, worauf sie einmal geschlagen wurde und folglich auf dem rechten Auge fast komplett erblindete. Wären all diese Dinge nicht passiert, kann man davon ausgehen, dass Liesabeth sich besser entwickelt hätte, denn wie zu Beginn des zweiten Kapitels erwähnt worden ist, spielt die Gesamtstimulation eine große Rolle für die Entwicklung eines Kindes und Liesabeth hat die falsche Art von Reizen zu spüren bekommen. Man nimmt an, dass sich Liesabeth im späteren Alter nur deswegen wieder von den traumatischen Erlebnissen erholen und in die Gesellschaft eingliedern konnte, weil sie im Säuglings- und Kleinkindalter einen „normalen" Alltag innerhalb ihrer Familie gelebt hatte.

Am 15. Dezember 1953 wurde Liesabeth mit 16 Jahren aufgrund von Diebstahl zu fünf Jahren Freiheitsentzug verurteilt und in ein Kinderstraflager nach Kineschma, einer kleine Stadt an der Wolga nordöstlich von Moskau, gebracht. Dort besuchte Liesabeth jeden Abend eine Schule, in der sie lernte, neben Deutsch und Litauisch auch Russisch zu sprechen. Am 14. November 1955 wurde Liesabeth frühzeitig entlassen. Sie erhielt einen sowjetischen Pass, wurde jedoch am 31. Januar 1956 wegen erneuten Diebstahls zu sechs Jahren Haft verurteilt. Zuerst wurde sie in das Hauptgefängnis nach Kaunas, später – im März 1956 – in das Frauenstraflager Pukso-Osero in Orscha gebracht. In diesem Lager brachte Liesabeth ein Kind zur Welt, das durch Vergewaltigung gezeugt, ihr aber entnommen worden war. Am 21. Oktober 1959 wurde Liesabeth mit 22 Jahren entlassen. Sie begann bei der Eisenbahn zu arbeiten und durfte in einem dazugehörigen Wohnheim wohnen. Von der Gewerkschaft erhielt sie eine kleine finanzielle Unterstützung und Nahrungsmittel. Am 10. August 1960 wurde Liesabeth gekündigt und sie machte sich auf den Weg in ihre alte Heimat Kaliningrad, ohne zu wissen, dass der Norden Ostpreußens sowjetisches Sperrgebiet war. Dort angekommen, wurde sie verjagt und sie machte sich auf den Weg zurück nach Litauen. In dieser Zeit gebar sie ein weiteres Kind, das aufgrund eines angeborenen Herzfehlers nach einem Jahr verstarb. Nach einem weiteren Jahr Haftstrafe ging Liesabeth eine Beziehung mit einem Russen ein. Im September 1966 kam Liesabeths dritte Tochter Elena zur

Welt. 1967 verließ Liesabeth ihren Ehemann und war nach einem Unfall aufgrund einer starken Rückenmarksschädigung monatelang gelähmt, genas wider Erwarten der Ärzte jedoch komplett. Anfang 1979 meldete Liesabeth sich beim Suchdienst des Roten Kreuzes in Hamburg, um ihre deutsche Familie wiederzufinden. Die Suche erwies sich als sehr schwierig, da Liesabeth in all den Jahren ihre deutsche Muttersprache vergessen hatte. Am 9. März 1976 erhielt sie jedoch eine Nachricht aus Deutschland: Ihre Familie war gefunden worden, ihr Vater Albert Otto und ihr Bruder Manfred lebten in der Bundesrepublik Deutschland. Daraufhin beschloss Liesabeth, gemeinsam mit ihrer Tochter Elena die Reise nach Braunschweig - zu ihrer Familie in Westdeutschland – anzutreten. Nach über dreißig Jahren hatte Liesabeth tatsächlich ihre Familie wiedergefunden. Sie begann eine Schule zu besuchen, um die deutsche Sprache erneut zu erlernen und nach einem Jahr beherrschte sie ihre Muttersprache wieder einwandfrei. 1980 befanden sich Liesabeth und Elena wieder in der Sowjetunion. Dort hatten es Liesabeth und Elena nicht leicht, denn die deutsche Nationalität wurde immer noch verfolgt. Erst als 1985 Gorbatschow an die Macht kam, besserte sich die Lebenslage der zwei. Ihre Tochter Elena hatte geheiratet und zwei Kinder zur Welt gebracht. Die Geschichte von Liesabeth Otto wurde in einem Buch niedergeschrieben sowie verfilmt.

Liesabeth beschrieb ihr Verhältnis zu Tieren selbst immer als ganz besonders. Die Hunde, die auf sie gehetzt wurden, bissen nur selten zu und Pferde, die schwer zu bändigen waren, bereiteten ihr keine Probleme. Wie zuvor bei der Emotionalen Deprivation beschrieben wurde, hat Liesabeth versucht, dieser Art der Deprivation zu entgehen, indem sie sich als Ersatz für ihre Familie an Tiere oder bekannte Orte band. Eine Zeit lang hielt sie sich in Kalvarija, einem Dorf in der Nähe der polnischen Grenze, auf. Dort baute sie sich aus Brettern eine Hütte im Wald, wo sie „wohnte". In dieser Zeit entdeckte sie eine Wölfin. Mit dieser Wölfin und ihren Jungen verbrachte sie ihre Zeit in diesem Wald.

„Ich war immer dagegen, dass man Kinder wie mich Wolfskinder genannt hat. Denn ich hatte Wolfskinder, richtige Wolfskinder beobachtet. [...] Die hatten es viel besser als ich. Ich war wirklich neidisch auf die kleinen Wolfskinder."
(JACOBS, 2016, S. 64)

Knapp vierzig Jahre ihres Lebens hat Liesabeth ohne festen Wohnsitz und ohne eine stabile Bezugsperson alleine auf der Straße verbracht. Sie führte kein normales, geregeltes Leben und dieses ungewöhnliche Leben in Kombination mit den Zuständen der damaligen Zeit boten Liesabeth auch nicht die Chance, gesellschaftliche Strukturen kennenzulernen. So fiel es ihr schwer, sich zu verselbstständigen, weil sie nicht wusste, wie sie sich in der Gesellschaft verhalten und zweckvoll handeln sollte. Mit sieben Jahren begann bei Liesabeth das Bettnässen und erst mit 19 Jahren wurde sie sauber. Generell war Liesabeth ein sehr großes und kräftig gebautes Mädchen. Sie profitierte von einem unglaublich guten Gedächtnis und lebte mit extrem scharfen Sinnen: In der Nacht sah sie äußerst präzise, sie hörte außergewöhnlich gut und hatte einen ausgeprägten Geruchssinn. Außerdem konnte sie ungeheuer schnell laufen (vgl. JACOBS, 2016, S. 1-315).

6.3 Wolfskinder im Laufe der Geschichte

Den Begriff Wolfskinder gibt es nicht nur in Bezug auf Deprivation und den 2. Weltkrieg, Wolfskinder sind auch der Stoff vieler Sagen, Märchen und Wissenschaften. Ursprünglich stammt der Begriff Wolfskinder von der Legende von Romulus und Remus ab, aber auch andere Geschichten wie Mogli aus dem Dschungelbuch oder der wissenschaftlich erläuterte Begriff des Homo ferus liegen in Bezug auf dieses Thema vor.

6.3.1 Romulus und Remus

In der Mythologie kennt man Romulus und Remus aus der Entstehungsgeschichte der Stadt Rom. Der Sage nach ließ der damalige König Amulius die Söhne seines Bruders, des rechtmäßigen Thronfolgers Numitor, ermorden, um zu verhindern, dass ihm der Thron genommen wird. Später weihte er die Tochter Numitors, Rhea Silvia, zur Priesterin, um eine Geburt weiterer möglicher Thronfolger zu unterbinden. Infolge der heimlichen Trauung von Rhea Silvia und dem Kriegsgott Mars brachte Rhea Silvia das Zwillingspaar Romulus und Remus zur Welt. Amulius ließ Rhea Silvia töten und ihre Zwillinge in den Tiber werfen.

Abbildung 3: Die Aussetzung von Romulus und Remus (Heidenreich, 2018)

Es existieren mehrere verschiedene Versionen der Sage, aber die bekannteste besagt, dass Romulus und Remus an einer Böschung hängengeblieben sind und durch ihr Geschrei eine Wölfin angelockt haben. Die Wölfin soll die Zwillinge mit in ihre Höhle genommen, gesäubert und gesäugt haben. Irgendwann wurden Romulus und Remus vom Hirten Faustulus aufgefunden und wuchsen bei Faustulus und seiner Frau zu zwei kräftigen Männern heran. Später trafen sie auf Numitor, der die zwei als seine verlorenen Enkel wiedererkannte. Daraufhin zogen Romulus und Remus nach Alba Longa und töteten Amulius. Numitor hatte vor, die beiden Brüder zu den neuen Königen zu ernennen, aber Romulus und Remus beschlossen 753 v. Chr., an dem Ort, wo sie ausgesetzt worden waren, eine Stadt zu gründen. Als entschieden werden musste, welcher der beiden Brüder König werden und wer der Stadt dem Namen geben dürfe, entfachte ein gewaltiger Streit zwischen ihnen. Schlussendlich erschlug Romulus Remus mit seinem Schwert, wurde so König und nannte die Stadt Rom (vgl. LABBÈ, 2017, [ONLINE]).

Romulus und Remus gelten als die ersten wirklichen Wolfskinder. Als Retterin von Romulus und Remus ist die Wölfin ein heiliges Tier für die Römer. Sie steht im Italienischen für die aufopfernde Mutterliebe. Die Kapitolinische Wölfin, lateinisch „Lupa Capitolina", ist eine lebensgroße Bronzefigur einer Wölfin, die die Zwillinge Romulus und Remus säugt. Sie gilt als ein Wahrzeichen Roms und man kann sie in den Kapitolinischen Museen begutachten (vgl. WIKIPEDIA, 2017 [ONLINE]).

Abbildung 4: Die Kapitolinische Wölfin (Mülich, 2016-2018)

6.3.2 Mogli

In den Jahren 1894/95 verfasste Rudyard Kipling mit dem Dschungelbuch die Geschichte des heute berühmtesten Wolfskinds: Mogli.

1858 entstand das Reich Britisch-Indien, in dem Indien das Kronjuwel des Britischen Weltreiches bildete (vgl. WIKIPEDIA, 2017, [ONLINE]). Mit dem Begriff „British Raj" wird die Ansiedlung zahlreicher britischer Kolonien in Indien beschrieben. Viele britische Familien vertrauten ihre Kinder Einheimischen an, die sich tagsüber um sie kümmern sollten. Daraus entwickelte sich der Begriff der Raj-Waisen, unter denen man die britischen Kinder versteht, die zur Zeit der Einschulung alleine ohne Familie zurück nach England geschickt wurden. Diese Kinder, einer von ihnen war Rudyard Kipling, wurden plötzlich von Freunden, Familie und allem Vertrauten getrennt.

Rudyard Kipling kam als Sohn britischer Einwanderer 1865 in Bombay zur Welt und genoss in seiner Kindheit die Zeit mit seinem persönlichen Diener, der ihn neben der britischen Lebensweise viel mehr mit den indischen Traditionen vertraut machte. Die vielen Geschichten der Inder, die Legenden und Götter des Hinduismus und vor allem die dramatische Trennung von seinem gewohnten Umfeld im Alter von sieben Jahren dienten Rudyard als Grundlage für seine Schriftstellerei, in der er seine Kindheitserfahrungen verarbeitete (vgl. MONATH, 2016, TC 5:55).

Abbildung 5: Rudyard Kipling (Haileybury College, 2017)

Das Dschungelbuch ist ein perfektes literarisches Beispiel für die Geschichte eines Wolfskindes und beginnt damit, dass die Eltern von Mogli von Tigern angegriffen werden. Mogli flüchtet daraufhin alleine in den Dschungel. Dort wird er von Wölfen aufgenommen und großgezogen, was laut Kipling nur deshalb möglich war, weil Mogli keine Angst vor der Konfrontation mit den wilden Tieren zeigte. Nachdem er seine angebliche Mutter trifft, verlässt Mogli am Ende des ersten Bandes den Dschungel (vgl. MONATH, 2016, TC 35:19). Der erste Band endet mit folgendem Satz:

„Es dämmerte bereits, als Mogli alleine den Berg hinunterging, um die geheimnisvollen Wesen kennenzulernen, die man Menschen nennt." (MONATH, 2016, TC 42:03)

Abbildung 6: Baby Mogli mit Wolfsfamilie (Parody Wikia, 2017)

6.3.3 Homo ferus

Die Märchen und Sagen sind wissenschaftlich nur schwer belegbar. In den letzten 700 Jahren kamen viele Geschichten über die „wilden Kinder" zum Vorschein (vgl. WÖRNER, 2014, S. 2). Im Zuge der Aufklärung im 18. Jahrhundert erschienen einige wissenschaftliche Studien zum Thema der Wolfskinder: Wissenschaftler schauten sich nach neuen Lebensformen um und entdeckten und erforschten dabei die Theorie des Homo ferus, des wilden Menschen. Diese Forschungen setzten sich mit der Suche nach dem reinen Menschen auseinander, d.h. nach einem Menschen, der von keiner Zivilisation beeinflusst ist. Das Ziel dabei war herauszufinden, was den Menschen grundsätzlich ausmacht. Als hervorstechendstes Merkmal eines wilden Menschen gilt die Unfähigkeit zu sprechen. Zu jener Zeit, als europäische Mächte sich im Orient ansiedelten, wurde die Geschichte der Kinder von Midnapore bekannt, auf die im letzten Kapitel der Arbeit noch einmal Bezug genommen wird (vgl. MONATH, 2016, TC 4:17).

Ebenfalls zur Gattung des Homo ferus zählt der wilde Peter aus Hameln. Der Junge wird im Juli 1724 im Alter von ungefähr zwölf Jahren in der Nähe der Stadt Hameln entdeckt und im Dezember 1725 zum damaligen englischen König Georg dem Ersten gebracht (vgl. MONATH, 2016, TC 2:30). Dieser sah in Peter die Chance, endlich den Mythos aufklären zu können, was dem Menschen angeboren und was erlernt ist. Ein schottischer Arzt und Mathematiker nahm sich seiner an, doch die Umerziehung führte zu keinem positiven Ergebnis: Peter lernte nie sprechen, er verstand von dem, was er hörte und las, den Sinn nicht und war so auch unfähig, sinnvolle Sätze zu bilden. Des Weiteren empfand er weder Hitze noch Frost und er fühlte sich unwohl unter Menschen. Seine Nahrung bestand vorwiegend aus rohem Fleisch, Pflanzen und Rinde (vgl. MONATH, 2016, TC 24:23). Peter stirbt am 22. Februar 1785 im Alter von über 70 Jahren (vgl. MONATH, 2016, TC 41:15).

Im Jahr 1991 wurde in dem ostafrikanischen Binnenland Uganda ein Junge zwischen sechs und zehn Jahren entdeckt, der in einer Gruppe von Affen gelebt hatte: John Ssebunya, heute bekannt als der „Monkey Boy", floh mit vier Jahren in den Wald, als sein Stiefvater seine leibliche Mutter ermordet hatte. Als man ihn auffand, waren seine Nägel lang und gebogen, seine Haut war fast schwarz, er war übermäßig behaart und zeigte eine große Angst vor Menschen. Die sprachliche Entwicklung erwies sich bei John weniger problematisch als die soziale, da John erst in der sozialen, nicht aber in der sprachlichen Entwicklungsphase von der Gesellschaft isoliert lebte. Mittlerweile fühlt sich John aber auch in menschlicher Gesellschaft sehr wohl (vgl. MONATH, 2016, TC 7:59). 1999 trat John Ssebunya für Uganda bei den Special Olympics im Marathonbewerb an und er vertrat sein Land im Fußball, eine Zeit lang sogar als Kapitän (vgl. MONATH, 2016, TC 34:12).

Abbildung 7: John Ssebunya (Macheroux-Denault, 2013)

Wie ernst man die Geschichten und Legenden der Wolfskinder nehmen kann, versuchen Wissenschaftler mit Experimenten und Studien herauszufinden. Forscher des Wolfsforschungszentrums in Ernstbrunn Österreich beispielweise setzen sich zum Ziel, durch Erforschung der kognitiven Fähigkeiten von Wölfen und Hunden die Gemeinsamkeiten sowie die Unterschiede von Mensch und Tier festzustellen. Durch diverse Versuche wird schnell deutlich, dass Wölfe wie Menschen Kooperationstiere sind: Sie lieben es, Aufgaben gemeinsam zu lösen und Wolfspaare bleiben tatsächlich ein Leben lang zusammen. Auch andere Überwachungen, wie zum Beispiel Beobachtungen bezüglich des Essverhaltens, dienen der Differenzierung zwischen Mensch und Tier (vgl. MONATH, 2016, TC 35:58). Mittlerweile gehen viele Wissenschaftler von der Theorie aus, dass Menschen Tiere sind, die individuell eine für Menschen spezifische Persönlichkeit ausbilden. Wird dem Menschen diese Möglichkeit der Entfaltung einer Persönlichkeit genommen, so entwickelt sich der Mensch je nach Sozialisierung und leidet gegebenenfalls darunter (vgl. MONATH, 2016, TC 25:23). Die Theorie, dass

Kinder von Wölfen gesäugt und aufgezogen werden, erscheint in der Realität trotz aller Argumente unglaubwürdig, denn Forschungen zufolge ist dem Menschen die Lebensweise eines Wolfsrudels unzumutbar. Die Tatsache, dass Wolfsmütter ihre Welpen töten, wenn sie einen genetischen Defekt aufweisen, lässt daran zweifeln, dass ein Mensch diese Phase überleben würde, sollte eine Wölfin ein Menschenkind überhaupt als Artgenossen akzeptieren. Sollte dieser höchstunwahrscheinliche Fall eintreten, muss der Säugling auch noch die Sozialisierungsphase der Welpen überleben. In dieser Periode, die Welpen sind im Normalfall um die zwei Monate alt, beginnen die Jungtiere sich gegenseitig zu attackieren und zu raufen, um zu lernen, sich zu verteidigen. Darüber hinaus lassen der Mutterinstinkt und somit auch die Fürsorge bei Wölfinnen bereits nach circa drei Monaten nach, sobald die Welpen unabhängig werden. In diesem Alter sind menschliche Säuglinge keineswegs fähig, ohne die Hilfe anderer zu überleben. Auch die Nahrung stellt eine Komplikation dar, denn eine Wölfin produziert durchschnittlich zehn, höchstens zwölf Monate Muttermilch. Es ist auszuschließen, dass sich ein menschlicher Säugling nach dieser Zeitspanne bereits mit Tiernahrung wie Fleisch oder Pflanzen zufrieden gibt (vgl. WÖRNER, 2014, S. 7f.).

7 Auswirkungen der Deprivation an Wolfskindern

Wolfskinder müssen sich in jeder Hinsicht an ihre Umwelt anpassen, um überleben zu können. Wenn ein Mensch nichts zu essen bekommt oder nicht zugedeckt wird, muss er auf andere Art und Weise schaffen, sich bei Kräften und warm zu halten. Menschen richten ihr Denken und ihr Handeln stets danach, wie sie sozialisiert worden sind (vgl. MONATH, 2016, TC 1:38).

Die Auswirkungen der Isolation auf Körper und Seele der Wolfskinder fallen ganz unterschiedlich aus, obwohl alle dasselbe erleben. Das liegt daran, dass der Körper zu gewissen Zeitpunkten Strukturen ausbildet, die der Entwicklung einer bestimmten Fähigkeit dienen. Erfolgt zu dieser Zeit kein Input an benötigten Reizen, bilden sich diese Strukturen wieder zurück, ohne dass der Mensch die zugehörige Fähigkeit lernen konnte. Das Verpasste kann später, wenn überhaupt, nur noch schwer erlernt werden (vgl. ZIMMER, 1989, S. 47).

7.1 Entwicklung des Gehirns

Die Strukturen, die der Körper ausbildet, entstehen vorwiegend im Bereich des Gehirns. Von diesen Hirnstrukturen muss Gebrauch gemacht werden, damit sie dem Lernprozess nützen. In mehreren Bereichen des Gehirns liegt eine sensible Entwicklungsphase vor. Darunter versteht man die Periode, in der gewisse Fähigkeiten am leichtesten erlernt werden können und in der der Nichtgebrauch gewisser Hirnareale oder eines Sinnes zu Einschränkungen führen kann. Außerhalb dieser sensiblen Phasen wirkt sich eine Eingrenzung nicht ungünstig auf die Entwicklung aus. Die Entwicklung der Sprache findet in einer sehr sensiblen Phase statt (vgl. ZIMMER, 1989, S. 45ff.). Sie beginnt im ersten Lebensjahr und unter normalen Umständen erreicht der Mensch gegen Ende des 6. Lebensjahrs circa 95% seiner Sprachkapazität (vgl. MONATH, 2016, TC 26:34). Sprache zu hören, ermöglicht uns, dass wir Sprache verwenden können und umgekehrt. Gehörtes oder Gelesenes gelangt über einige Zwischenareale auf der Großhirnrinde in das Wernicke-Areal. Dieser Bereich dient dem Verständnis der aufgenommen Informationen. Vom Wernicke-Areal gelangen die Informationen weiter bis zum Broca-Areal, wo unser Gehirn eine entsprechend korrekte Antwort auf das Gehörte bzw. Gelesene bildet. Dieser Mechanismus ist Voraussetzung für eine sinnvolle Sprachverwendung. Bei Wolfskindern existieren die zwei Areale auch, jedoch ist die Verbindung zwischen ihnen schwach oder gar nicht ausgeprägt, was der Grund dafür ist, dass sie Sprache nicht verstehen und nicht anwenden können (vgl. MONATH, 2016, TC 27:32).

Im Gegensatz dazu sind die Sinne schärfer ausgebildet als bei den meisten normal sozialisierten Menschen. Beispielsweise registrierte man in der Dunkelhaut leuchtende Augen und „wilde Kinder" sehen viel besser, vor allem in der Nacht. Viele nachtaktive Säugetiere besitzen im Auge eine lichtreflektierende Schicht, die sogenannte Tapetum lucidum. Diese Schicht besteht aus Bindegewebsfasern, in deren Zellplasma sich Guaninkristalle befinden. Dieses Merkmal verhilft nachtaktiven Tieren zu einer besseren Sicht. Allerdings kann man nicht in jedem Fall davon ausgehen, dass sich diese Zellschicht bei Menschen ausbildet, nur weil sie in Gesellschaft mit Wölfen leben (vgl. WÖRNER, 2014, S. 5f.).

7.2 Sozialverhalten

Wolfskinder neigen dazu, Abstand von Menschen zu halten, weil der Mensch für die meisten wildlebenden Tiere zu den Feinden zählt. Die wilden Kinder zeigen sich in den ersten Phasen der Integration ängstlich, ziehen sich zurück und agieren bei Konfrontation aggressiv. Diese Aggressionen äußern sich z.B. durch Knurren, Kratzen oder Beißen (vgl. WÖRNER, 2014, S. 6).

7.3 Ess- und Trinkgewohnheiten

In der Wildnis muss eigenständig nach Nahrung gesucht werden, um zu überleben. Die Kinder ernähren sich also hauptsächlich von Pflanzen und rohem Fleisch und sind keine gekochte Nahrung gewohnt. Beim Versuch einer Resozialisierung wird am Anfang meist alles Gekochte verweigert, bevor sich wilde Kinder bereit erklären, sich auf die neue Nahrung umzustellen. Aufgrund der schlechten Mundhygiene und dem Aspekt, dass die Nahrung im Fall der Isolation ohne Hilfsmittel zerkleinert werden muss, erscheint das ursprünglich angelegte menschliche Gebiss raubtierartig, besonders die Eckzähne fallen spitziger und länger aus (vgl. WÖRNER, 2014, S. 6).

7.4 Körpermotorik

Da Kinder durch Nachahmung lernen, geht man davon aus, dass die Wolfskinder – wie ihre „Zieheltern" – auf allen Vieren laufen. Bei den meisten wilden Kindern ist die Haut an Knien und Handinnenflächen besonders stark verhornt, was diese Theorie unterstützt, obwohl der Mensch anatomisch gesehen mit Gliedmaßen für einen aufrechten Gang ausgestattet und auch die Krümmung der Wirbelsäule ein Hindernis für ein geschicktes Fortbewegen auf allen Vieren ist. Des Weiteren befindet sich das Hinterhauptloch des Schädels, welches für den aufrechten Gang und eine nach vorn gebeugte Haltung bei der Fortbewegung zuständig ist, an der Basis. Dies bedeutet, dass die Nackenmuskulatur bei der Fortbewegung auf allen Vieren unter einer extrem anstrengenden Anspannung zu leiden hätte. Überdies ist das Laufen auf allen Vieren im Normalfall langsam und ermüdend. Bei Hunden bzw. Wölfen ist das Längenverhältnis der Brust- und Lendenwirbelsäule 1:1, wodurch die Partie der Lendenwirbel beim Laufen stark abgebogen werden kann, was die Fortbewegung auf allen Vieren einfach macht (vgl. WÖRNER, 2014, S. 6).

8 Resozialisierung von Wolfskindern mit Ausblick auf populäre Fälle

Wolfskinder sind nach ihrer Entdeckung nur teilweise, je nachdem wie lange sie isoliert gelebt haben, wieder in die Gesellschaft integrierbar (vgl. MONATH, 2016, TC 32:32). Die Integration beschäftigt sich ausschließlich mit Kindern, denn von erwachsenen Wolfsmenschen hat man noch nie gehört. Das erklärt sich damit, dass nach heutigem Wissensstand nicht davon ausgegangen werden kann, dass ein Mensch in der Lage ist, einen solch langen Zeitraum unter Tieren zu überleben (vgl. WÖRNER, 2014, S. 3f.).

8.1 Die Wolfskinder von Midnapore – Amala und Kamala

Der Missionar J.L.A. Singh führte in den späten 1920er Jahren Aufzeichnungen über Amala und Kamala, zwei Mädchen, die mit ungefähr anderthalb und acht Jahren im Oktober 1920 unter einer Gruppe von Wölfen in einer Wolfshöhle aufgefunden worden waren. Reverend Singh verfrachtete die beiden Wolfsmädchen in ein Waisenhaus in Midnapore, wo die beiden Mädchen ihren Namen bekamen. Alle zwei wiesen wölfische Merkmale und Verhaltensweisen auf, wie zum Beispiel das Schlappern von Wasser mit der Zunge, das Hecheln bei Hitze, das Laufen auf allen Vieren oder das Wittern von Fleisch. Generell besaßen die Kinder schärfste Sinne: Sie sollten Geräusche gehört haben, die für den Menschen kaum wahrnehmbar sind, und sollten Fleisch aus großer Entfernung gerochen haben, besagen die Notizen Singhs. Beide verhielten sich gegenüber Menschen zurückgezogen: Sie knurrten, kratzten und bissen bei Gelegenheit auch zu. Hinzu kommt, dass die Kinder jegliche gekochte Nahrung verweigerten, sie ließen sich nur mit rohem Fleisch und ungekochter Milch bzw. Wasser zufriedenstellen. Die Eckzähne waren spitz und länger als gewöhnlich. Die Mädchen zeigten eine Unempfindlichkeit gegen Kälte und Hitze, speziell Kamala wies eine äußerst trockene Haut auf, schwitzte nie, sondern hechelte bei großer Hitze. Amala, vermutlich im Jahr 1919 geboren, starb bereits nach einem Jahr im Waisenhaus an einer Nierenentzündung und Kamala, schätzungsweise geboren im Jahr 1912/13, verstarb acht Jahre später an Urämie aufgrund ungenügender Nierenfunktion. Amala konnte in der Zeitspanne von einem Jahr nicht erfolgreich resozialisiert werden und auch die Integration von Kamala ist in den acht Jahren nicht vollständig gelungen. Kamala sprach nach drei Jahren immer noch keine kompletten Sätze, ihr Wortschatz war auf wenige Wörter begrenzt, die vorherrschend mit Essen und

Trinken zu tun hatten. Zu ihrem Lebensende bestand ihr Vokabular aus rund 30 Wörtern (vgl. WÖRNER, 2014, S. 3f.).

Abbildung 8: Kamala (Wordpress, 2011)

Abbildung 9: Kamala beim Essen (Varona, 2015)

Abbildung 10: Amala und Kamala (Wordpress, 2011)

8.2 Genie

Genies Geschichte weicht von den meisten Fällen bekannter Wolfskindern ab, da sie nicht in der Wildnis oder unter Wildtieren aufgewachsen ist, fällt jedoch als Opfer von Deprivation aufgrund ähnlicher Verhaltensweisen gleicherweise in die Kategorie „wilde Kinder". Genie, ihr eigentlicher Name lautet Susan W., wurde Anfang November 1970 von ihrer fast blinden Mutter auf ein Sozialamt in Los Angeles gebracht. Der herrische Vater des Mädchens war psychisch nicht in der Lage, das Kind rechtmäßig zu erziehen. Er fesselte und sperrte das Kind zwölf Jahre lang täglich in ein leeres Schlafzimmer, verwehrte ihm jeglichen menschlichen Umgang und schlug von Zeit zu Zeit auf sie ein. In der Nacht wurde das Mädchen in eine Zwangsjacke gesteckt und in ein Kinderbett gelegt. Ihre einzige Mahlzeit über die Jahre bestand aus Kinderbrei und Milch. Zum Zeitpunkt, als Genies Mutter sie mit zum Sozialamt nahm, war Genie dreizehneinhalb Jahre alt, erschien äußerlich aber wie ein achtjähriges Mädchen. Sie war nur 1,37 Meter groß und wog lediglich 25 Kilogramm. Ihre Haut war blass, sie stand unsicher auf ihren Beinen und ging dementsprechend nach vornüber gebeugt. Arme und Beine konnte sie im Generellen kaum strecken oder anders bewegen. Sie speichelte ununterbrochen und daher hing an ihr ein stark fauler Geruch und ihre Zähne traten dunkel gefärbt hervor. Die Zähne gebrauchte sie nie, ihre Nahrung ließ sie solange im Mund, bis der Speichel sie genügend zerkleinert hatte, ansonsten spuckte sie alles wieder aus. Wie andere Wolfskinder spürte sie weder Hitze noch Kälte und Worte waren ihr fremd, sie gab nur Murmellaute von sich.

Man beschäftigte sich jahrelang sehr intensiv mit der Reintegration von Genie, die sich als schwerer erwies wie angenommen. Genie wurde in Krankenhäusern, Sonderschulen und Pflegefamilien untergebracht und man stellte ihr massenhaft Ärzte und Psychologen zur Verfügung. Sie griff nach allem, was ihr gefiel, selbst nach Essen auf fremden Tellern und onanierte ständig in aller Öffentlichkeit. Das Erlernen eines sinnvollen Sprachgebrauchs dauerte bei Genie sehr lang. Normal sozialisierte Kinder kommen mit circa 20 Monaten in das Stadium der Zweiwortsätze, danach entwickelt sich die Sprache fortlaufend und ohne größere Anstrengung. Auch Genie ging durch die drei Stadien Einwortsätze, Zweiwortsätze und längere Sätze. Nach einigen Monaten begann das Mädchen, Dinge in ihrem Umfeld zu benennen, ihre Aussagen blieben jedoch immer recht kurz und grammatikalisch falsch. Verneinungen konnte sie erst nach vier Jahren verwenden und Ergänzungsfragen wie „wer", „was" oder „wo" verstand sie nie. Im Allgemeinen war ihre Stimme viel zu hoch, die Satzmelodie und der Rhythmus bildeten sich spät und nie vollständig aus. Im Jahr 1978 erhielt die Mutter das Sorgerecht zurück. Seitdem hörte und sah man nichts mehr von der kleinen Susan W., weil fremden Personen eine Kontaktaufnahme richterlich verboten wurde. Angeblich lebt sie im Süden Kaliforniens in einem Pflegeheim. Der einzige Bericht, der bezüglich ihres Falles öffentlich bekanntgegeben wurde, handelte vom Gerichtsverfahren, das durch die Anklage der Mutter eingeleitet worden war. Sie verklagte das Krankenhaus und Ärzte aufgrund von „Ausbeutung um persönlicher und materieller Vorteile willen" (vgl. ZIMMER, 1989, S. 21ff.).

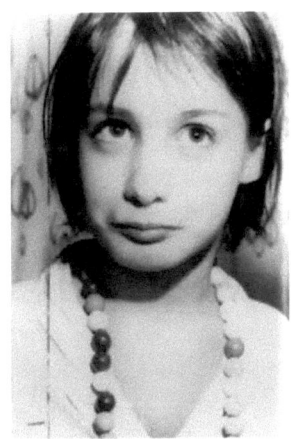

Abbildung 11: Genie (Blogspot, 2014)

Schlussbetrachtung

Zum Schluss möchte ich noch einmal kurz auf die Forschungsfrage „Welchen Einfluss hat Isolation auf die Entwicklung eines Menschen und welche Erkenntnisse konnte man im Laufe der Jahrhunderte über Wolfskinder gewinnen?" eingehen. Aus dieser Arbeit lässt sich die Erkenntnis gewinnen, dass Wolfskinder nicht gleich Wolfskinder sind. Viele Menschen stellen sich unter dem Begriff Wolfskind einfach ein Kind vor, das übermäßig behaart ist, doch hinter dem Mythos der Wolfskinder steckt viel mehr. Der 2. Weltkrieg, die Sagen und Märchen aus der Vergangenheit und die Fälle in den letzten Jahren definieren Wolfskinder auf verschiedene Art und Weise: Auf der einen Seite versteht man darunter die Kriegswaisen des Zweiten Weltkrieges, auf die andere Seite soll es wirklich Kinder gegeben haben, die in der Wildnis unter Tieren aufgewachsen sind. Außerdem haben die Wolfskinder der Wissenschaft dabei geholfen, mehr über die Entwicklung des Menschen herauszufinden. Beispielsweise konnte anhand der Wolfskinder festgestellt werden, dass dem Menschen die Fähigkeit angeboren ist, Sprache zu erlernen, aber auch entsprechende Reize erfolgen müssen, damit er Sprache richtig verstehen und anwenden kann. Im Allgemeinen hat meine Arbeit die Theorie bestätigt, dass es einen Riesenunterschied macht, ob man unter Menschen oder fern ab jeglicher Zivilisation aufwächst. Manche Hypothesen haben sich von selber widerlegt, da sie wissenschaftlich nicht erklärbar sind. Heute behauptet die Wissenschaft ohnehin, dass den veränderten Verhaltensweisen und der Unfähigkeit für bestimmte Dinge der Wolfskinder angeborene Behinderungen und Deformationen zugrunde liegen (vgl. WÖRNER, 2014, S. 7).

Da meine Publikation sich aus zwei sehr umfangreichen Themen zusammensetzt, war es nicht einfach, die Obergrenze von 60 000 Zeichen einzuhalten. Beim Verfassen des zweiten Teils musste ich feststellen, dass leider recht wenig Fachliteratur bezüglich der Thematik der Wolfskinder vorhanden ist. Dies ist vermutlich dadurch erklärbar, dass die wissenschaftlichen Theorien von damals nach heutigem Wissensstand unrealistisch sind und Studien gegenwärtig nicht mehr durchgeführt werden können, da keine aktuellen erforschbaren Fälle von Wolfskindern vorliegen.

Literaturverzeichnis

JACOBS, INGEBORG: Wolfskind. Die unglaubliche Lebensgeschichte des ostpreußischen Mädchens Liesabeth Otto. (14. Auflage) Berlin: List-Verlag, 2016.
KEREN, MIRI; Brisch, Karl Heinz (Hrsg.); Hellbrügge, Theodor (Hrsg.): Wie soll man ein Kleinkind diagnostizieren, das in einem Waisenhaus gelebt hat? In: Kinder ohne Bindung. Deprivation, Adoption und Psychotherapie. Stuttgart : Klett-Cotta-Verlag, 2006.
MONATH, JENS (Regie): Mythos Wolfskind. Mogli und die wilden Kinder. Dokumentation. ZDF, September 2016.
LABBÈ, MICHA: Romulus und Remus. 2017. http://www.labbe.de/lesekorb/index.asp?themaid=30&titelid=575 [Zugriff: 1.12.2017]
LAHMER, KARL: Kernbereiche der Psychologie. (2. Auflage) Wien: E.DORNER, 2013.
LANGMEIER, JOSEF; MATĚJČEK, ZDENĚK: Psychische Deprivation im Kindesalter. Kinder ohne Liebe. München: Urban und Schwarzenberg Verlag, 1977.
SARL, IBIZ: Borderline. 2017. http://hospitalismus.com/borderline/ [Zugriff: 22. 8. 2017]
SARL, IBIZ: Das Kasper-Hauser-Syndrom. 2017. http://hospitalismus.com/das-kaspar-hauser-syndrom/ [Zugriff: 22. 8. 2017]
SARL, IBIZ: Hospitalismus. 2017. http://hospitalismus.com/ [Zugriff: 23. 8. 2017]
SARL, IBIZ: Psychische Deprivation. 2017. http://hospitalismus.com/psychische-deprivation/ [Zugriff: 12. 8. 2017]
STANGL, WERNER: Wolfskind. 2017. http://lexikon.stangl.eu/8303/wolfskind/ [Zugriff: 15. 10. 2017]
WIKIPEDIA: Die Kapitolinische Wölfin. 2017. https://de.wikipedia.org/wiki/Kapitolinische_W%C3%B6lfin [Zugriff: 17. 12. 2017]
WIKIPEDIA: Britisch-Indien. 2017. https://de.wikipedia.org/wiki/Britisch-Indien [Zugriff: 26. 12. 2017]
WÖRNER, FRANK G.: Die Wolfskinder von Midnapore. Notizen zu einem Mythos. August 2014. http://www.tierpark-niederfischbach.de/wp-content/uploads/Woerner-Wolfskind.pdf [Zugriff: 1. 1. 2018]
ZIMMER, DIETER E.: Experimente des Lebens: wilde Kinder, Zwillinge, Kibbuzniks und andere aufschlussreiche Wesen. Zürich: Haffmans-Verlag, 1989.

Abbildungsverzeichnis